D1691546

Gustav Hildebrand

Kindheit und Jugend in
FRANKEN
in den 50er Jahren

Wartberg Verlag

In unserer Reihe „Bilder aus Franken"
sind bisher erschienen:

(1) Zeitreise durch Franken
(2) Ein Fränkisches Dorfleben
(3) Kindheit und Jugend in Franken in den 50er Jahren

Fotonachweis: Archiv Gustav Hildebrand

1. Auflage 2002
Alle Rechte vorbehalten, auch die des auszugsweisen Nachdrucks
und der fotomechanischen Wiedergabe.
Druck: Thiele & Schwarz, Kassel
Buchbinderische Verarbeitung: Büge, Celle
© Wartberg Verlag GmbH & Co. KG
34281 Gudensberg-Gleichen • Im Wiesental 1
Telefon: 0 56 03/9 30 50 • www.wartberg-verlag.de
ISBN 3-8313-1055-6

Kindheit und Jugend in Franken

Nach einer jahrhundertelangen, wechselvollen Geschichte kam das alte Kulturland Franken zu Beginn des 19. Jahrhunderts, nach dem Wiener Kongress, an das Land Bayern und wurde dessen nördlichster Teil. Das ausgedehnte Franken ist reich an Kunstwerken und landschaftlichen Schönheiten sowie berühmt für seine Weine. Frankens Gesichter sind reich und vielfältig. Es ist ein Schmelztiegel vieler Strömungen der Geschichte, Kunst und Kultur. Viele in dieser Landschaft gebürtige und durchgereiste Dichter haben es in hinreißender und beschwingter Sprache besungen.

Doch auch der Zweite Weltkrieg hinterließ in dieser romantischen und viel gepriesenen Landschaft seine Spuren. Zahlreiche Städte, wie etwa das mainfränkische Aschaffenburg, das unterfränkische Würzburg oder das mittelfränkische Nürnberg fielen den Bombenangriffen zum Opfer. So wurde das barocke Würzburg mit seinen unermesslichen Kunstschätzen zu 83% zerstört. Durch die totale Niederlage sank das Alltagsleben auf vielen Gebieten wieder auf das Niveau der Vorkriegszeit zurück.

Ältere Kinder erlebten den Bombenkrieg, die Trennung von Vätern und Müttern, die Evakuierung aus den zerstörten Städten sowie den Hunger und die unmittelbare Not der Nachkriegszeit, die jüngeren wurden Zeugen nicht nur des beginnenden bescheidenen Wohlstands der 50er Jahre, sondern auch, damals vielfach unbewusst, der Nachwirkungen des Krieges und der nationalsozialistischen Ideologie auf ihre Eltern und Erzieher.

Für die meisten Menschen gab es weder Privatautos noch Fernseher. Pferdefuhrwerke waren noch immer ein wichtiges Transportmittel. Auch der Haushalt war noch nicht technisiert. So wurden die Kinder von klein auf zu Arbeiten und Handreichungen angeleitet und verpflichtet. Zur Erntezeit wurden sie auch mit in den Wald genommen, um Waldfrüchte, wie Erdbeeren, Brombeeren und Himbeeren in Milchkannen zu sammeln. Sie wurden zu Hause dann zu Gelee und Saft verarbeitet. Konserven zu kaufen kam nicht in Frage, es wurde „eingemacht". Obst und Gemüse aus dem Garten kochte man ein, Kartoffeln und Kohlen wurden für den Winter eingelagert. Statt eines Kühlschranks stand im Keller das mit einem Drahtgitter versehene Fliegenschränkchen, in dem Wurst, Fleisch und Käse kurzzeitig aufbewahrt werden konnten. Beim Bauern geholte frische Milch ließ man sauer werden, um sie dann als „Grönnemilch" zu Pellkartoffeln zu essen. Einmal in der Woche, am Waschtag, fand die große Wäsche statt, die meisten Haushalte besaßen noch keine Waschmaschine. Es musste mit den Händen und dem Waschbrett „gerubbelt" werden.

Militärkleidung konnte man zu Mänteln, Jacken und Hosen für Heranwachsende umarbeiten. Handgestrickte Pullover und Strümpfe wurden bei Bedarf wieder aufgezogen und zu neuen Kindersachen verstrickt. Die abgelegten Kleidungsstücke der Älteren mussten die jüngeren Geschwister auftragen. Die Jungen trugen selbstgenähte, langärmelige Hemden, darüber meistens einen gestrickten Pulli und dazu eine kurze Hose mit Hosenträgern. Zur kalten Jahreszeit wurden anstelle der Kniestrümpfe lange selbstgestrickte Strümpfe getragen, die auch bei den Buben von einem Strumpfhalter gehalten wurden. „Das war furchtbar. Die verdammten Dinger haben gekratzt und sind beim Rennen immer runtergerutscht", erinnert sich der heute 60jährige Werner. Die Mädchen trugen selbstgenähte Kleider oder Röcke mit Blusen, die oft bestickt waren. Die Säume waren zum „Rauslassen", das heißt, das Kleidungsstück wuchs mit. Dazu trugen die Kinder noch keine Halbschuhe, sondern geschnürte Lederstiefel. Es gab als Kleidung meist eine Sonntags- und eine Alltagsgarnitur zum Anziehen.

Der Schulbetrieb war in diesen Jahren mit großen Schwierigkeiten verbunden. Es gab kaum Papier und Schreibmaterial. Die unteren Klassen benutzten noch die Schiefertafel, an der der Tafellappen hing. Mit ihm konnte man das Geschriebene wieder löschen, so dass die Tafel immer wieder benutzt werden konnte. Geschrieben wurde mit einem langen dünnen Schiefergriffel, der leicht abbrach. Die alten Schulbücher vom Dritten Reich durften nicht mehr verwendet werden, neue Bücher kamen erst nach und nach heraus und mussten dann von zwei bis drei Kindern gemeinsam benutzt werden. In zahlreichen Schulen herrschte aber auch noch der Rohrstock. So gab es z. B. in einer Schweinfurter Schule für einen Schüler, der beim Schwätzen erwischt wurde, sechs Stockhiebe auf die ausgestreckte Handfläche. Wurde die Hand zurückgezogen, verdoppelte sich die Anzahl der Schläge.

Durch die von den Amerikanern eingeführte Schulspeisung erhielten die unterernährten Kinder täglich eine warme Mahlzeit. Kinder von Selbstversorgern, z. B. von Bauern, erhielten diese nicht. Manchmal gab es als Mahlzeit eine kleine Tafel Schokolade. Die Bauernkinder waren ganz scharf auf die Schokolade und tauschten gerne ihr mit Schinken oder Hausmacherwurst belegtes Pausenbrot gegen eine halbe Tafel Schokolade ein. Um Taschengeld zu bekommen oder es aufzubessern, sammelten viele Kinder in den Ruinen der kriegszerstörten Häuser Metalle, wie Kupfer und Blei oder Alteisen und gaben es beim Schrotthändler ab. Dafür bekamen sie dann ein paar Pfennige, die meist in Süßigkeiten angelegt wurden.

In dieser Zeit der allgemeinen Kargheit und der notgedrungenen Improvisation gab es kaum Spielsachen, deshalb musste das Vorhandene liebevoll gehegt und gepflegt werden. Auf geheimnisvolle Weise verschwanden vor den Festtagen die Lieblingspuppe, die etwas angeschlagenen Holzspielsachen und das Blechauto, um am Heiligabend neu eingekleidet, repariert und frisch bemalt auf dem Gabentisch zu stehen. Die von den Vätern und Großvätern gebastelten Puppenstuben und Kaufläden stellten über die Maßen wunderbare Weihnachtsgeschenke dar.

Dreiräder oder Kinderfahrräder waren noch sehr selten, dafür hatte fast jeder Bub einen Roller, damit raste er so schnell es ging, allein oder in Rudeln, um die Häuserblocks herum. Es gab einfache Schlittschuhe, die mit Klammern an der Sohle der Schnürstiefel festgedreht wurden.

Schulentlassungszeugnis 1950

Beliebt waren die Seifenkisten-Rennen, es gab regelrechte Wettkämpfe mit diesen in Franken „Kütschli" genannten Fahrzeugen. Dazu wurden die Achsen und Räder von ausgedienten Kinderwagen auf einem Brett befestigt, auf dem der zukünftige Rennfahrer in einer fantasievollen Karosserie saß. Und ab ging's, die Straße hinunter.

Großer Andrang herrschte vor den Kinos, wo meist amerikanische Filme, oft mit deutschen Untertiteln, gezeigt wurden. Man stand Schlange, um Karten zu bekommen und musste oft erleben, dass die Plätze ausverkauft waren, bevor man zur Kasse kam.

Wer konnte damals in dem ersten Nachkriegsjahrzehnt schon Reisen unternehmen oder Urlaub machen? Kaum jemand! Es blieb ein Traum, ins Ausland oder gar nach Übersee zu reisen. Schon allein die beschränkte Devisenzuteilung verhinderte dies. Man blieb im Land, fuhr in die Berge oder an die See. Die meisten Kinder aber fuhren in den Ferien zu Verwandten. Am glücklichsten waren die, die einige Wochen bei den Großeltern oder Onkel und Tante auf dem Lande verbringen konnten.

Nicht wenige aus der älteren Generation denken mit Sehnsucht an ihre Kinder- und Jugendzeit zurück. Für die meisten war es trotz aller Sorgen und Entbehrungen eine schöne Zeit, in der nach Herzenslust zusammen draußen gespielt wurde, der Fantasie und Improvisation keine Grenzen gesetzt waren. Der kindliche Bewegungsdrang war noch nicht so eingeengt wie heute. Platz zum Spielen war überall, selbst die Ruinengrundstücke waren ein Eldorado für abenteuerlustige Jugendliche.

Anhand vieler Beiträge ist versucht worden, für den heutigen Leser die 50er Jahre anschaulich werden zu lassen. Um eine größtmögliche Authentizität zu erreichen, sind nicht nur die Fotos, sondern auch die Texte im Original aus dieser Zeit wiedergegeben.

Gustav Hildebrand

Zwischen Alltag und Freizeit

Vorsicht – Giftpilze

In der Zeit großer Nahrungsnot suchen die Menschen auch in der Natur, was es dort an Essbarem gibt. Zur Zeit der Pilze ziehen ganze Familien durch Feld und Wald, um diese Früchte zu suchen. Nur ist dabei zu bedenken, dass es giftige und essbare Pilze gibt.
Beispielhaft ist die Aktion eines Lehrers in dem fränkischen Städtchen Langenzenn. Er geht mit seiner Klasse ein- bis zweimal in der Woche zum Pilzesammeln in die Natur. Anschließend werden sie in der Schulküche gemeinsam zubereitet und gegessen. Die Bauernkinder bringen dazu Kartoffeln und etwas Fett mit. Dies ist aber nur möglich, weil der Lehrer ein ausgezeichneter Pilzkenner ist.

◀ Eine Familie bei der Pilzsuche im Wald. Die Eltern sind Pilzkenner und erklären den Kindern, die selbst suchen, welche essbar und welche nicht essbar sind.

▶ Auch das Pflücken der Pilze will gelernt sein, denn das Wurzelgeflecht darf nicht verletzt werden. Schließlich wollen die Kinder auch im nächsten Jahr wieder Pilze hier finden. Dann kommt alles in eine Plastiktüte und wird zu Hause sortiert.

Zwischen Alltag und Freizeit

Diesen Pilz hätte der Junge gar nicht in die Hand nehmen dürfen. Es ist der tödlich giftige Knollenblätterpilz, der dem essbaren Champignon zum Verwechseln ähnlich sieht. Die auf ihm sitzende Schnecke beweist, dass er zumindest nicht für alle Tiere gefährlich ist. Der Glaube, dass Pilze, an welchen Tiere geknabbert haben, auch für Menschen essbar seien, ist völlig falsch. Ebenso falsch ist die allgemeine Ansicht, dass ein silberner Löffel schwarz wird, wenn er zwischen kochende Pilze gelegt wird, unter denen ein giftiger ist. Auch der Zwiebeltest ist nicht zutreffend. Eine Zwiebel soll angeblich schwarz werden, wenn sie zu giftigen Pilzen gelegt wird.

Zwischen Alltag und Freizeit

Rothenburg löst seine Wohnungsnot auf originelle Weise

„Jeden Tag ein paarmal 75 Turmstufen rauf und runter, das hält die Knochen locker", meint Frau Lehr, die Bewohnerin des Sieverts-Turmes. Die 40-jährige Frau ist Witwe und Mutter eines 13-jährigen Mädchens. Aber die beiden steigen gern die alten Stufen mit dem Wassereimer hoch, denn in dem mittelalterlichen Turm gibt es keine Wasserleitung. Aber auch jedes einzelne Scheit Holz müssen sie über die Treppen zu ihrem Holzraum hinaufschaffen. Frau Lehr zahlt für ihre pittoreske Wohnung 5 DM, die sie von der Wohlfahrt bekommt. Das könnte ihr wohl kein Hausbesitzer weit und breit bieten.

Diese neue „Aktion für Wohnraumbeschaffung" ist ebenso historisch wie originell und darüber hinaus noch sehr sozial. Man wählt als Turmbewohner nur solche Einwohner, deren Geldbörse besonders schmal ist. Alte Leute, Rentner, Kriegsversehrte und Witwen bekommen den Vorrang. Sie sind alle glücklich mit ihrem neuen Dach über dem Kopf, auch wenn es dort zur Geisterstunde ächzt und stöhnt. Man fürchtet sich nicht vor Eulen, Raben und Fledermäusen.

▲ Frau Lehr mit ihrer 13-jährigen Tochter in einem Raum ihrer Turmwohnung. Um die Helligkeit auszunutzen, spielt das Kind mit der Puppe am Fenster.
▶ Auch das junge Mädchen muss mindestens zweimal zum Schulbesuch die Treppe hinunter- und hinaufsteigen.

Zwischen Alltag und Freizeit

Konfirmation

▲▲ Die Konfirmandinnen und Konfirmanden des Jahres 1956 einer Schweinfurter Kirchengemeinde haben sich zu einem Erinnerungsfoto aufgestellt. Alle sind einheitlich dunkel gekleidet. Für die meisten von ihnen endet jetzt auch die 8-jährige Schulzeit. Sie beginnen eine Lehre und treten ins Erwachsenenleben ein.

▲ Heute ist ein feierlicher Tag für diese Jungen. Ernst und auch etwas verlegen gehen sie in Zweierreihen mit dem Gesangbuch in der Hand zur Konfirmation in die Kirche. Sie sind einheitlich in dunkle, zweireihige Anzüge gekleidet. Dazu tragen sie blütenweise Hemden und schwarze Krawatten. Dieser so genannte „Konfirmandenanzug" wird auch noch für die nächsten Jahre das gute, ja wohl das beste Kleidungsstück für sie sein. Selbst nicht gut gestellte Eltern haben eisern gespart, um ihren Sohn für diesen feierlichen Anlass festlich einzukleiden.

»Zwischen Alltag und Freizeit«

Angeln an der Fränkischen Saale

Ist das Angeln in Deutschland ein Volkssport? Wenn man die 300 000 in der Bundesrepublik registrierten Angler den viereinhalb Millionen französischen Anglern gegenüberstellt, muss man die Frage verneinen. Woran liegt es? Die Gewässer sind weithin verschmutzt, sie reichen nicht aus, es ist mit Unkosten und zu viel Formalitäten verbunden. Viele würden sich an den langen Wochenenden mit dem ausgleichenden Angelsport beschäftigen, bestände die Möglichkeit zu fischen. Viele Anglervereine nehmen keine Mitglieder mehr auf, da die zur Verfügung stehenden Gewässer, in welchen sich Fische befinden, nicht ausreichen. Dabei gehören die Fische zu den wertvollsten Nahrungsmitteln, die uns die Natur bietet. Der Gehalt an biologisch hochwertigen Stoffen, wie Colesterin, Vitamin A und B, Kalk, Phosphor, Eisen und Jod, lassen den Fischgenuss zur Gesunderhaltung des Menschen, insbesondere des Jugendlichen und des Kindes, gerade in diesen entbehrungsreichen Nachkriegsjahren, als außerordentlich wichtig erscheinen. Die Möglichkeit, ohne große Formalitäten auf Fischfang zu gehen, bietet in Franken der Meiler Schönau an der Fränkischen Saale. Ein Eldorado für Angler ist dieses paradiesische Fleckchen, bestehend aus einem Kloster, einer Mühle und zwei Gaststätten. Der Müller ist berechtigt, für einen geringen Betrag Tages-Angelscheine auszugeben und von weither kommen die „Petrijünger", um diese Gelegenheit wahrzunehmen. Darunter auch zahlreiche Jugendliche.

▲ Den ewig wachen Jagdtrieb des männlichen Geschlechts verkörpern diese Jungen, die mit primitiven, selbstgebastelten Angelgeräten an der Fränkischen Saale auf Fischfang gehen.

◀ Dieser schon gut ausgerüstete Junge wird stets von seinem Vater mit auf die Fischwaid genommen. Die Angelleidenschaft seines Vaters hat sich auf ihn übertragen.

Zwischen Alltag und Freizeit

Kochen im Freien

▲ Was hat diese Gruppe von Nachbarskindern vor, die hier mit Pfannen, Kannen, Töpfen und weiterem Hausrat bewaffnet, über die Wiese schreitet – sie wollen eine Kochstunde im Freien veranstalten und sich ein leckeres Mahl zubereiten.

▶ Unter dem umgekippten Eimer haben sie ein Feuer angezündet, das jetzt schon einmal ordentlich „Dampf" macht.

Zwischen Alltag und Freizeit

▲ Es muss geschmeckt haben. Der Junge im Hintergrund kratzt noch seinen Topf gründlich aus.

▶ Der Reiz des Verbotenen: Jetzt werden die heimlich organisierten Zigaretten ausprobiert. Hoffentlich merken die Eltern nichts!

Zwischen Alltag und Freizeit

Ein ganzes Dorf riecht nach Baldrian

„Schwebheim, Landkreis Schweinfurt" steht auf dem Ortsschild. Man könnte noch hinzufügen „Deutschlands Apothekenschrank". Denn diese Gegend ist berühmt durch ihren Heilkräuter-Anbau und Heilkräuter-Handel. Apotheker, Drogisten und allen, die mit Arzneimitteln und ihrer Herstellung zu tun haben, ist der Name dieses unterfränkischen Dorfes sehr geläufig.

Der alte lateinische Spruch „Nomen est omen", der soviel heißt wie „Im Namen liegt schon die Vorbedeutung", trifft für Schwebheim in besonderem Maße zu: Durch das ganze Dorf schwebt ständig ein feiner, würziger Duft, der aus den Lagerhallen der Heilkräuter kommt. In den Erntemonaten herrscht natürlich der Geruch von Baldrian und Pfefferminz vor.

▲ Auch viele der Nichtbauern des Dorfes pflanzen Kräuter an. Nach alter Sitte trennen sie noch die Blätter mit der Hand vom Stiel. In der Erntezeit helfen neben der Oma auch die beiden kleinen Enkel mit, die hier schon geschickt die Pfefferminzpflanzen mit der Hand rupfen.

»Zwischen Alltag und Freizeit«

Zwischen Alltag und Freizeit

Unterwegs mit dem großen Bruder

Zum ersten Mal sind diese vier kleinen Geschwister mit ihrem älteren Bruder auf dem Weihnachtsmarkt. Sie bestaunen hier die vielen Kränze mit den aufgesteckten Kerzen. Es sind in diesen Jahren noch keine aufwendigen Märkte, doch für die Kinder bedeuten sie schon etwas Wunderbares.

Handgestrickt von Kopf bis Fuß

Er ist warm eingepackt, der fünfjährige Junge. Wolle vom Kopf bis zu den Füßen. Alles handgestrickt von der Mutter. Besonders stolz ist er auf die warme Strickjacke mit den bunten Mustern, die am Hals mit einer Häkelschnur zusammengezogen wird. Modisch sind nur die Schnallenschuhe. Anstelle einer langen Hose trägt er dicke, gestrickte Strümpfe, die von Bändern an einem Leibchen gehalten werden. Die Strümpfe schlagen Falten, denn sie sind zu groß. Doch das müssen sie sein, sollen sie doch noch einige Jahre getragen werden. Der Kopf und besonders die Ohren werden von einer wollenen Mütze warm gehalten. Mutter legt großen Wert darauf, dass diese Kappe aufgesetzt wird. „Du wirst sonst krank", ist immer die Rede. Ja, so kann der kleine Klaus schon den Winter gut überstehen.

Ringelreihen

Hand in Hand tanzen und springen die Jungen und Mädchen unter Anleitung ihrer Kindergärtnerin fröhlich im Kreis herum. Sie singen dabei Lieder, die auch schon ihre Eltern und Großeltern als Kinder sangen wie „Hänschen klein, ging allein", „Ringel, Ringel, Reihe", oder „Wir treten auf die Kette".

Der erste Schulgang

Der 6-jährige Werner platzt fast vor Stolz beim ersten Schulgang, weil er eine Schultüte hat. Allerdings geniert er sich, und ein Schamgefühl steigt in ihm hoch, als er sieht, dass wohl nur die Hälfte der ungefähr 65 bis 70 neuen Schulkinder mit einer Tüte ankommen. Natürlich wird er von vielen neidvoll angesehen. Allerdings ist auch seine Tüte zu Dreivierteln mit Holzwolle gefüllt. Das oberste Viertel jedoch ist voller Süßigkeiten, was für ihn einen unglaublichen Reichtum darstellt.

Die lieben Kleinen ...

Zähne und Ernährung

Die entbehrungsreiche Nachkriegszeit hat auch in Franken wesentlich zur Gesunderhaltung der Zähne beigetragen. So schlimm die Kriegs- und ersten Nachkriegsjahre für die Bevölkerung auch waren, so hatte die Lebensmittelknappheit auch ihr Gutes. Die Ernährung ist gesund, weil sie zucker- und fettarm ist. „Trocken Brot macht Wangen rot", sagt ein altes Sprichwort. Und wie gut ist es für die Entwicklung der Zähne, wenn ein Kind auf einem Kanten Brot herumkauen kann.
Langsam füllen sich die Regale der Kaufläden wieder mit Süßigkeiten. Eine Vielzahl von Bonbons, Schokolade und Pralinen lösen allmählich Brausepulver und Zuckerstangen ab. Damit nehmen Zahnerkrankungen wie Karies zu, schon die Milchzähne können angegriffen werden. Umso wichtiger sind vorbeugende Maßnahmen bereits während der Schwangerschaft und Aufklärung über gesunde Ernährung und Zahnpflege, wie sie in Kindergärten und Schulen jetzt durchgeführt werden.
Wird ein Zahnschaden bemerkt, sollte der Weg gleich zum Zahnarzt führen, anstatt zu warten, bis sich der Schaden rapid vergrößert.

▲ Jegliches Knabbern festigt die Zähne. Wie gut, wenn es wie hier ein Maiskolben und nicht ein Lutscher ist.

Die lieben Kleinen ...

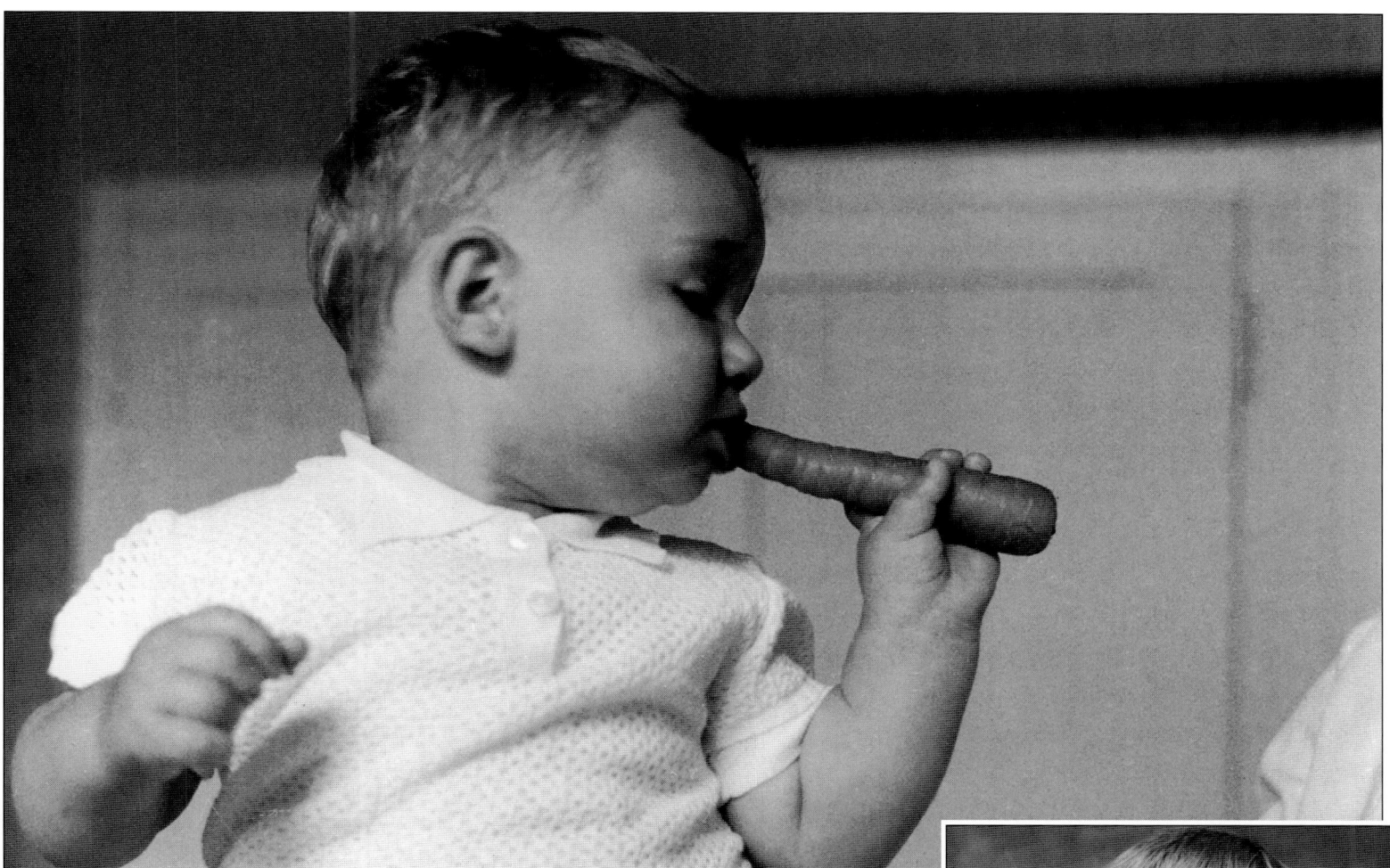

▲ In die knackig frische Möhre zu beißen macht dem Kleinkind offensichtlich Spaß, und gesund ist es obendrein.

◄ Hoffentlich müssen es die zwei Hübschen, die Omas Groschen in Lutscher umgesetzt haben, dies nicht eines Tages bereuen.

▲ Schmeckt das Zuckerstückchen aus Muttis Zuckerdose auch noch so gut, lass die Finger davon, kleiner Mann!

Wannenbaden

Wie viele Häuser haben in diesem ersten Nachkriegsjahrzehnt schon ein Badezimmer? Die wenigsten und dann meist in Stadtwohnungen. Dafür gibt es öffentliche Badehäuser oder Wannenbäder, die meistens von der Bevölkerung an den Wochenenden besucht werden. Aber in den Bauernhäusern auf den Dörfern sind Bäder oder Duschen weitgehend unbekannt. Die hygienischen Verhältnisse dort kann man als weitgehend miserabel bezeichnen. Man pflegt sich, wie die Bauern sagen: „im Schweiße des Angesichts" zu waschen.

▲ Hier ist die Wanne, in der auch einmal in der Woche die „große Wäsche" stattfindet, zur Badewanne für die drei Schwestern geworden, die zu ihrer Belustigung die Kleinste mit dem Waschlappen bearbeiten.

▶ Das Kleinkind sitzt wohl in einer richtigen Badewanne, doch die Armaturen sind noch recht primitiv. Mit dem Brausekopf kann man ganz schön Telefonieren spielen. Ob da ein Ton herauskommt?

18 »Die lieben Kleinen ...«

Flotte Flitzer für die Kleinsten

Wenn es Frühling wird, zeigt sich auf den Promenaden und in den Parks, was im Winter zur Welt kam: Muttis lassen ihre Kleinen zum ersten Mal die Frühlingsluft genießen. Es gibt sie in Scharen, die Babys im Sonnenschein. Mit zunehmendem Wohlstand wird der Kinderwagen vom Gebrauchsgegenstand zum „Geltungsgefährt". Für die Kleinkinder von heute ist es wichtig, einen eigenen „Wagen" zu besitzen. Und man will dabei nicht hinter dem Wagen des Nachbarn oder der Freundin zurückstehen. Kinder kosten Geld, das weiß jeder, der welche hat. Schon vor der Geburt häufen sich die Ausgaben. In Deutschland wird noch am wenigsten für ein Kind ausgegeben. Der Aufwand ist in Frankreich am größten und in Italien auch nicht klein. So konnten auch in den fünfziger Jahren von den rund 500 000 jährlich verkauften Kinderwagen die französischen, italienischen und auch englischen Modelle vor den deutschen Erzeugnissen rangieren. Die italienischen Fabrikate kommen dem deutschen Geschmack so entgegen, dass sie 45 Prozent aller in Deutschland verkauften Sportkinderwagen lieferten. Die Auswahl der Modelle mit vielen modischen Einfällen ist gar groß. Es gibt bereits Wagen mit höchster technischer Perfektion. Er muss aber auch heute vielen Anforderungen entsprechen. Er soll leicht sein, damit er in eine höher gelegene Wohnung getragen werden kann. Heute hat allein noch die Gunst des Käufers ein Wagen, der „autogerecht" ist. D. h. er muss zusammenklappbar in jedem Kofferraum eines mittelgroßen Wagens unterzubringen sein. Er muss variabel sein, so dass er durch eine schnelle Abänderung vom Kastenwagen zum Sportwagen werden kann. Im Laufe der fünfziger Jahre setzen sich immer mehr die hochrädrigen Kinderwagen durch. Als wirksames Verkaufsargument für die altertümlich erscheinenden hohen Fahrgestelle gilt, dass die in tieferer Lage am Boden hinziehenden Autoabgase dem Kind schaden können.

▼ Für viele Mütter sind Kind und Wagen ständige Begleiter, wie hier beim Einkauf. Man stellt den Wagen vor dem Geschäft so ab, dass man das Kind stets beobachten kann.

Mit dem Nachwuchs unterwegs

◀ Diese beiden Bänke am Rande eines Anlagenwegs sind ein beliebter Treffpunkt für Mütter mit Kinderwagen, die sich hier über ihre Kleinen austauschen.

▼ Welche Mutter lässt nicht ihr Baby von Bekannten bewundern! Natürlich bewundert oder kritisiert man gegenseitig auch die Kinderwagen.

▲ Vorsicht Gegenverkehr! Kinderwagen im Straßenverkehr. Mit viel Geschicklichkeit muss er oft durch den Großstadtverkehr lanciert werden.

▲ Gibt es von diesen beiden Frauen Ratschläge an die Mutter oder beneiden sie sie um dieses Baby?

◀ Der Wagen kann auch für das Kind ein unterhaltsames Spielzeug sein.

»Mit dem Nachwuchs unterwegs«

Früh übt sich ...

Die musizierenden Bergmannskinder

Kumpel zwischen Ruhr und Emscher, Minister und Abgeordnete in Bonn, Bergleute im Siegerland und in der Oberpfalz klatschen gleichermaßen begeistert Beifall. Überall, wo die blutjungen „Stiftländer Bläserbuben" mit ihren blitzenden Instrumenten auftreten, sichern sie sich mit der schwungvollen Beherrschung ihres Instrumentariums Bewunderung und warme Sympathie.

Ein ungewöhnliches Orchester ist da Ende der fünfziger Jahre in dem auf der Ostseite des Fichtelgebirges liegenden Waldsassen entstanden. Als hier, am östlichen Ende Frankens, die Schwefelkiesgrube plötzlich stillgelegt wurde und die Bergleute ihre angestammten Arbeitsplätze verloren, musste sich auch die traditionsreiche Bergmannskapelle auflösen. Aber die Kinder im Dorf, die einst zu den aufmerksamsten Zuhörern ihrer musizierenden Väter gehört hatten, haben beim kummervollen Anblick ihrer Eltern einen Einfall. Sie schließen sich zusammen, nehmen sich die Instrumente ihrer Väter und beginnen heimlich zu proben. In dem Musiker Herbert Peter, der nach dem Krieg hierher verschlagen wurde, finden sie einen verständnisvollen Freund und Helfer und außerdem ihren Kapellmeister. Er hat so plötzlich wieder ein Orchester. Als gelernter Musiker hat er hier keine Möglichkeit, seinen Beruf auszuüben und ist als Arbeiter in einer Ziegelei tätig. Der Vollblutmusiker Peter ist glücklich, wenn auch nur in der Freizeit, wieder intensiv in seinem eigentlichen Beruf tätig sein zu können. Natürlich hat er auch die gesamte Einzelausbildung seiner kleinen Musikanten übernommen. Er opfert praktisch seine gesamte Freizeit und auch seine Sonntage seiner Kapelle. Außer den Einzelproben findet wöchentlich eine Hauptprobe statt. Diese Proben sind oft hart, und die kleinen Musiker müsssen manchen Tadel in Kauf nehmen. Doch sie kommen immer wieder und lernen umso eifriger, um den harten Ansprüchen ihres Kapellmeisters gerecht zu werden. Ja, nach einer besonders harten Probe, in der Peters sehr oft tadeln musste, holen sie ihn sogar am anderen Tage mit Musik vom Omnibus ab. Als dann 1961 in der nahen Bergmannsgemeinde Issigau der Knappenverein sein Bergmannsfest feiert, stehen die örtlich bekannten Orchester auf dem Festprogramm. Niemand ahnt, dass an diesem Tag die Premiere der „Bläserbuben" erfolgen soll. Die Überraschung gelingt, und die jungen Musiker werden mit einem Schlag bekannt. Der Knappenverein übernimmt prompt die Patenschaft. Es kommen Einladungen und dann die ersten Gastspielreisen.

▼ Die Jugendkapelle mit ihrem Kapellmeister Herbert Peter. Das Durchschnittsalter beträgt zehn bis zwölf Jahre.

Früh übt sich ...

◄ Im Übungspavillon hängt diese große Tafel an der Wand. Der 11-jährige Hansi hat die Aufgabe, Noten im Vierviertteltakt anzuschreiben.

▼ Nein, so dürfen die Backen beim Blasen nicht aufgeblasen werden, denn zu viel Luft geht dann dem Instrument verloren. Gar vieles ist am Anfang zu beachten, doch die Freude hinterher ein Instrument zu beherrschen und in solch einer Kapelle mitspielen zu dürfen, ist groß.

◄ Den ersten Unterricht bekommt dieses Mädchen auf der Klarinette. Noch nie hat sie ein solches Instrument in der Hand gehabt. Der Anklang, den die Kapelle bei der Jugend findet, ist so groß, dass auch Mädchen um Aufnahme bitten.

»Früh übt sich ...« 23

Früh übt sich ...

▲ Eine richtige Blaskapelle muss auch im Marschieren spielen können. Hier wird in der Marschordnung geübt, denn bei vielen Festen, die mit Umzügen verbunden sind, sind diese jungen Musiker sehr gefragt.

▶ Diese drei Geschwister gehören alle der Kapelle an. Zum Üben marschieren sie zu dritt hinaus ins Grüne, um dort ungestört und ungehört ihre Instrumente blasen zu können. Die 10-jährige Ursula spielt die Klarinette, Hansi (11) und Edith (13) blasen Trompete.

Theorie und Praxis aufs Beste vereint

Es entstanden in den 50er Jahren in der Bundesrepublik schon einige Schulen, die über Werkstätten für ihre Schüler verfügen. Unserer Zeit nahestehende Lehrer haben den erzieherischen Wert handwerklicher Arbeit längst erkannt und wollen nicht mehr auf ihn verzichten. Das handwerkliche Arbeiten in einer allgemeinbildenden Schule aber schon ganz auf die später folgende Facharbeiter- oder Gesellenprüfung auszurichten, das ist nur in einer Heimschule möglich, wie es das Landerziehungsheim Schloss Craheim ist.

Schloss Craheim in Unterfranken ist der Sitz der gleichnamigen Werkschule. Neben einer abgeschlossenen Mittel- oder Oberrealschulausbildung können die Schülerinnen und Schüler des Heims die Gesellenprüfung ablegen und den Facharbeiterbrief in verschiedenen Berufen erlangen. Im 8. Schuljahr treten die Schüler dieses Heimes, gleich, ob sie der Oberreal- oder der Mittelschule angehören, in einer der heimeigenen Werkstätten eine Lehre an. Die Ausbildung umfasst folgende Berufszweige: Maschinenschlosserei, Möbeltischlerei, Gärtnerei und Damenschneiderei und außerdem Lehren in chemotechnischen und physikotechnischen Labors. Es ist ein Wagnis, dieses Nebeneinander von Schule und Berufsausbildung – aber die ersten eindeutigen Erfolge haben der Schulleitung Recht gegeben. In der durchschnittlich drei Jahre dauernden Lehrzeit müssen die Jungen und Mädchen fünfmal in der Woche nachmittags vier Lehrstunden absolvieren und in den Sommerferien vier Wochen in einem fremden Betrieb arbeiten.

Von den bisher einer Prüfung unterzogenen Schülerinnen und Schülern haben alle – teilweise sogar mit überdurchschnittlichen Leistungen – die Gesellenprüfung bestanden und den Facharbeiterbrief erworben. Um die Schüler auf Schloss Craheim durch das Nebeneinander von Schule und Berufsausbildung nicht zu überlasten, ist die Schulzeit um genau ein Jahr verlängert worden.

▲ Die Schule besitzt zur Ausbildung der Gärtnerlehrlinge eine eigene Gärtnerei mit Treibhäusern. Der 16-jährige Schüler will einmal Gartenbauarchitekt werden.

▶ Stets gibt es zwei Zeugnisse an der Schule – für den Schulunterricht und für die Berufsausbildung.

Gesellenpüfung und Abitur

◀ Schülerinnen bei der Anprobe von selbst hergestellten Abendkleidern. Wohl alle wollen später einmal in die Modebranche gehen.

▼ Dieser weibliche Schneiderlehrling beim vormittäglichen Unterricht. Zum „Spicken" hat sie sich eine chemische Formel auf den Arm geschrieben. Sie will nach dem Besuch einer Textilfachschule und einer Meisterschule für Mode einmal das elterliche Herrenbekleidungsgeschäft noch um Damenbekleidung erweitern.

Gesellenpüfung und Abitur

◀ Ein umfangreiches Labor für die Ausbildung zum Chemielaboranten besitzt die Schule. Diese drei Schüler wollen nach dem Abitur an verschiedenen Universitäten Chemie studieren.

▼ Blick in die vorbildlich eingerichtete Schlosserwerkstatt, in der gerade Arbeiten am Schraubstock verrichtet werden. Der 17-jährige Schüler im Vordergrund besucht nach bestandenem Abitur und der Facharbeiterprüfung im Schlosserhandwerk eine Maschinenbauschule. Mit seinem Bruder zusammen soll er dann die elterliche Holzbearbeitungs-Maschinenfabrik übernehmen.

Schule mit "Familienanschluss"

Ein Schifferkinderheim am Main

Die Erziehung der Schifferkinder bis ins schulpflichtige Alter erfolgt bei den Eltern an Bord des Schiffes. Trotz intensiver Aufsicht und Vorsorge der Eltern ertrinken jedoch jedes Jahr eine Anzahl von Kindern, ganz abgesehen von den gesundheitlichen Nachteilen, die der Motorenlärm und die Erschütterungen des Schiffes mit sich bringen. Das Leben eines Binnenschiffers spielt sich fast das ganze Jahr über auf dem Schiff ab. Er wohnt dort mit seiner Familie, solange die Kinder noch nicht schulpflichtig sind. Dann aber wird die Situation schwierig. Es ist unmöglich, die Kinder für wenige Tage während eines Hafenaufenthaltes in eine Wanderschule zu schicken. Das würde nur eine lückenhafte Ausbildung vermitteln. So ist die Frage akut geworden: Wohin mit den schulpflichtigen Kindern? Die meisten Eltern von Schifferkindern sind finanziell nicht in der Lage, ein Kind oder gar mehrere in Pensionen an Land zu bringen, wodurch eine regelmäßige Schulausbildung gesichert würde. Alle Beteiligten aber – Eltern, Schifffahrtsgewerbe und Behörden – waren sich darüber einig, den Kindern eine solide Unterkunft an Land und eine gute Schulausbildung zu geben. So wurde in Würzburg ein zentral gelegenes Heim für Schifferkinder beiderlei Geschlechts aus dem Maingebiet geschaffen. Das weit über den Main leuchtende helle Haus liegt inmitten eines großen Parkgeländes, in dem die Kinder viel Bewegungsfreiheit haben. Je zwölf von den 84 Kindern des Heimes, die Volks-, Mittel- und Oberschulen in Würzburg besuchen, leben in einer „Familie" zusammengefasst, unter der Leitung einer Schulschwester. Diese Ordnung ermöglicht es, Brüder und Schwestern wie daheim bei den Eltern in familiärer Nähe miteinander aufwachsen zu lassen. Jede „Familie" bildet in gewissen Grenzen eine Einheit, die auch für die Sauberkeit ihres Wohntraktes verantwortlich ist. Die Eltern können sich nun getrost auf weite Fahrt begeben, ohne um ihre Kinder bangen zu müssen. Sie wissen, für sie ist gesorgt, sie werden ganz im Sinne einer festen Familiengemeinschaft erzogen.

Der Tag im Heim beginnt und endet mit Hissen und Einholen von Flaggen und Wimpeln. Vor dem Heim steht dazu ein richtiger Schiffsflaggenmast.

Schule mit „Familienanschluss"

In einem Regal werden die Schulranzen der Kinder aufbewahrt. Jedes von ihnen lernt hier gleichzeitig Sauberkeit, Ordnung und Disziplin.

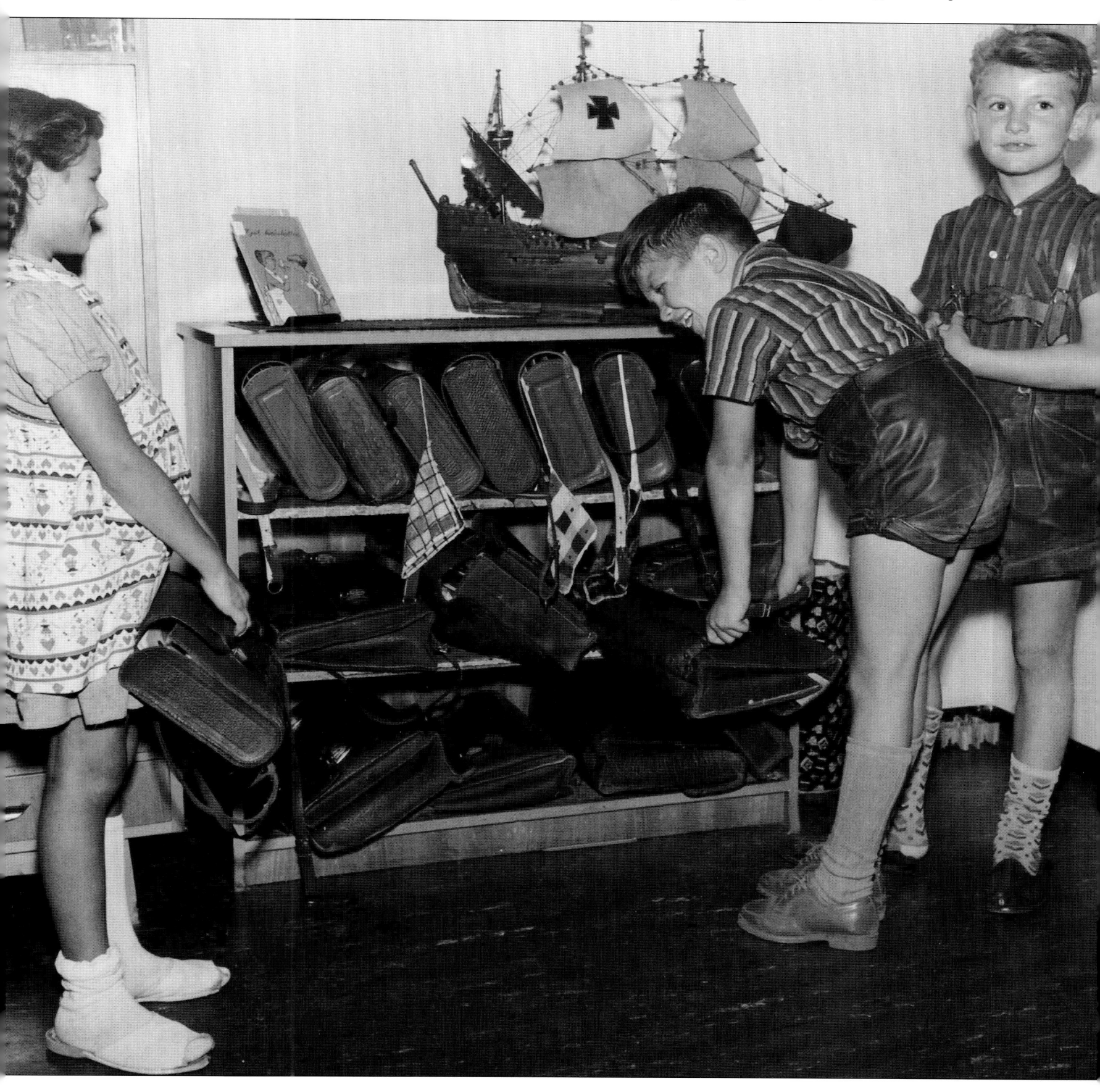

Schule mit „Familienanschluss"

»Schule mit Familienanschluss«

Schule mit „Familienanschluss"

▲ Oft wird das Spiel unterbrochen, um einem vorbeifahrenden Schiff zuzuwinken. Die Kinder sind auf Schiffen groß geworden und kennen fast alle Schiffe, die hier vorbeifahren. Manchmal sind es Verwandte oder gar das elterliche Schiff.

◀ In den Bastelstunden werden von den Buben mit Vorliebe Schiffe gebastelt.

▶ Für die Kleinen, nur schulpflichtige Kinder sind im Heim untergebracht, ist auch ein Spielplatz mit Sandhaufen vorhanden.

»Schule mit Familienanschluss«

Schule mit „Familienanschluss"

▲ Auch auf die Reinlichkeit der Kinder wird geachtet. In den hellen Waschräumen hat jedes Kind seinen ständigen Waschplatz. Auch vor dem Zubettgehen findet noch eine Wäsche statt. Hier zwei Brüder, mehrere Geschwisterpaare sind im Heim, der 6-jährige Karlheinz und der 8-jährige Jürgen beim Ausziehen.

▶ Die 10-jährige Elly aus Dorfprozelten kann schon recht gut mit dem Bügeleisen umgehen. Die aus der Wäscherei gekommene und gebügelte Wäsche wird dann zusammengefaltet säuberlich in den Schrank gelegt.

▲ Der Jugend schmeckt es immer, zumal in der Gemeinschaft. In den Tagesräumen werden fröhlich die Mahlzeiten eingenommen.

◀ Eine große Spielwiese ist direkt unter dem Heim am Main. Auf ihr können sich die Kinder nach Herzenslust austoben.

»Schule mit Familienanschluss«

Wildwest in Radebeul

Lebendiger Karl May

Seit zahlreichen Generationen sind Karl-May-Bücher bei der Jugend beliebt. Seine Erzählungen sind zeitlos wie die Märchen, und wie die Märchen locken auch sie gerade die jungen Menschen immer wieder an. Schon das Kind, das dabei ist, die Welt des Buches zu entdecken, findet darin eine Fülle innerer und äußerer Belehrung, die seiner Wissbegier, aber auch seinen seelischen Bedürfnissen in reichem Maße entgegenkommen. So hat Karl May eigens für die Acht- bis Vierzehnjährigen eine Reihe von Büchern geschrieben, die ihre Anziehungskraft bis heute erhalten haben. Ebenso unerklärlich wie unnachahmlich bleibt diese zauberische Wirkung, die wohl von keinem Jugendbuch seither wieder erreicht worden ist. Die Reihe seiner Bücher, welche vom Verlag aus Frühwerken und Nachlassschriften auf über 70 Bände gebracht wurde, ist in ihrer bekannten Ausstattung heute ein Begriff für jedermann geworden. Um die 20 Millionen Bände wurden bisher in Deutschland verbreitet und Taschenbuchausgaben erschienen zu billigen Preisen. Die Bücher wurden in 25 Sprachen übersetzt und Film und Fernsehen haben sich ihre spannende Dramatik zunutze gemacht.

In den fünfziger Jahren konnte der Karl-May-Verlag von Radebeul bei Dresden nach Bamberg verlegt werden. Nach einem Vergleich wurde erreicht, dass die Karl-May-Stiftung und das Verlegervermögen in Radebeul bleibt und dafür das Inventar der Villa Shatterhand nach Bamberg kommt. Hier wurde damit in den Räumen des „Internationalen Clubs" ein Karl-May-Museum eingerichtet. Der Schreibtisch des Dichters sieht so aus, als ob er ihn eben erst verlassen hätte. Ein Manuskript ist aufgeschlagen, daneben steht ein arabisches Schreibzeug aus Messing. Die Tischplatte ist bedeckt mit Tintenflecken. Karl May hatte nämlich die Gewohnheit, die Tinte auszuschütten, damit er dann, die Feder in die Tintenpfütze tauchend, im Flug der Gedanken schneller schreiben konnte. Die Räume, getrennt durch ägyptische Vorhänge mit Koransprüchen, enthalten viele alte Möbel aus Radebeul und fast die ganze riesige Bibliothek mit indianischen und orientalischen Wörterbüchern. Man stolpert fast über die gewaltigen Schildkrötenschalen und ein Bärenfell. Und dann die persischen Sessel mit Intarsien, der arabische Tisch mit seinem Mokka-Service. An den Wänden hängen Bilder von Sascha Schneider, der den ersten Schmuck für Karl Mays Bücher entwarf. Insgesamt erlebt man hier ein Abbild der exotischen Welt, die Karl May in seinen Büchern lebendig werden ließ.

▼ Ergriffen betrachten die beiden Jungen die Büste des berühmtesten aller Karl-May-Helden, des Apachen-Häuptlings Winnetou, die in einer Nische des Saales vor einem indianischen Teppich steht.

Wildwest in Radebeul

▲ Das kostbarste Stück in dieser großen Schauwand ist neben dem riesigen bunten Kopfschmuck ein alter Frauensattel mit einem Lasso aus Pferdehaaren. Das Fach enthält noch viele Dinge, wie einen Zeremonienstab, Mokassins, Zauberrasseln, eine Handtrommel, ein Frauengewand und vieles andere aus dem Leben der Indianer.

◄ Das ist die Winchesterbüchse, der berühmte „Henry-Stutzen" des Schriftstellers, der hier von den beiden Jungen bestaunt wird. Dieses leichte und elegante Repetiergewehr konnte bis zu 20 Patronen aufnehmen.

Handwerk mit Tradition

Holzschnitzerschule

Wer hätte nicht schon versucht, an einem Stück Holz zu schnitzen und ihm eine Form zu geben? Aus der Sehnsucht heraus zu formen und zu gestalten, entstand an vielen Orten die Holzschnitzerei und entwickelte sich im Laufe der Jahrhunderte zu einer echten Volks- und Heimatkunst. Zur Förderung der Holzindustrie in der Rhön und zur Linderung der Not gründete der Polytechnische Zentralverein in Würzburg 1852 in Poppenhausen eine Holzschnitzschule. Damals wurden in der Hauptsache gröbere Holzschnitzereien wie Haus- und Küchengeräte, landwirtschaftliche Geräte, Holzschuhe und Spielsachen hergestellt. Im Jahre 1862 wurde die Schule nach Bischofsheim in die fränkische Rhön verlegt und 1872 reorganisiert. Während man früher nur Gebrauchsgegenstände schnitzte, stellte man sich nunmehr auf künstlerische Motive um, die hauptsächlich dem religiösen Gebiet entnommen wurden. Im Jahre 1936 übernahm die Regierung von Unterfranken die Schule. Seitdem wird die alte Rhöner Kunst der Holzbearbeitung in der Schule gepflegt und an die junge Generation weitervermittelt.

Um in dieser Kunst aber wirklich etwas zu erreichen, muss man eine gute Ausbildung erhalten. Aufgenommen werden Volksschüler nach achtjährigem Schulbesuch; aber es werden auch ältere Schüler ausgebildet. Voraussetzung ist eine gute zeichnerische und bildnerische Veranlagung. Es ist ein Bestreben der Schule, die alte hohe Kunst der Holzbildhauer an die junge Generation weiterzugeben. Unterrichtet wird in Zeichnen, Schnitzen, Modellieren, Kunstgeschichte, Bürgerkunde, Geschäftsführung, Rechnen und Kalkulation. Nach der dreijährigen Ausbildung muss eine theoretische und eine praktische Prüfung abgelegt werden, die als Gesellenprüfung gewertet wird.

Die Verflachung der Holzschnitzkunst und ihre Anpassung an den mit Recht verrufenen kitschigen Geschmack der breiten Masse lässt sich nur beheben, wenn alle Holzschnitzer zu künstlerischen Persönlichkeiten erzogen werden, die in der Lage sind, geschmacksbildend und -verbessernd zu wirken. In diesem Sinne wirkt diese Holzschnitzerschule von Bischofsheim.

▲ Blick in die Lehrwerkstatt, in der der Meister die Arbeiten seiner Schüler beaufsichtigt. Im Vordergrund eine Werkbank mit den verschiedensten Schnitzwerkzeugen.

Handwerk mit Tradition

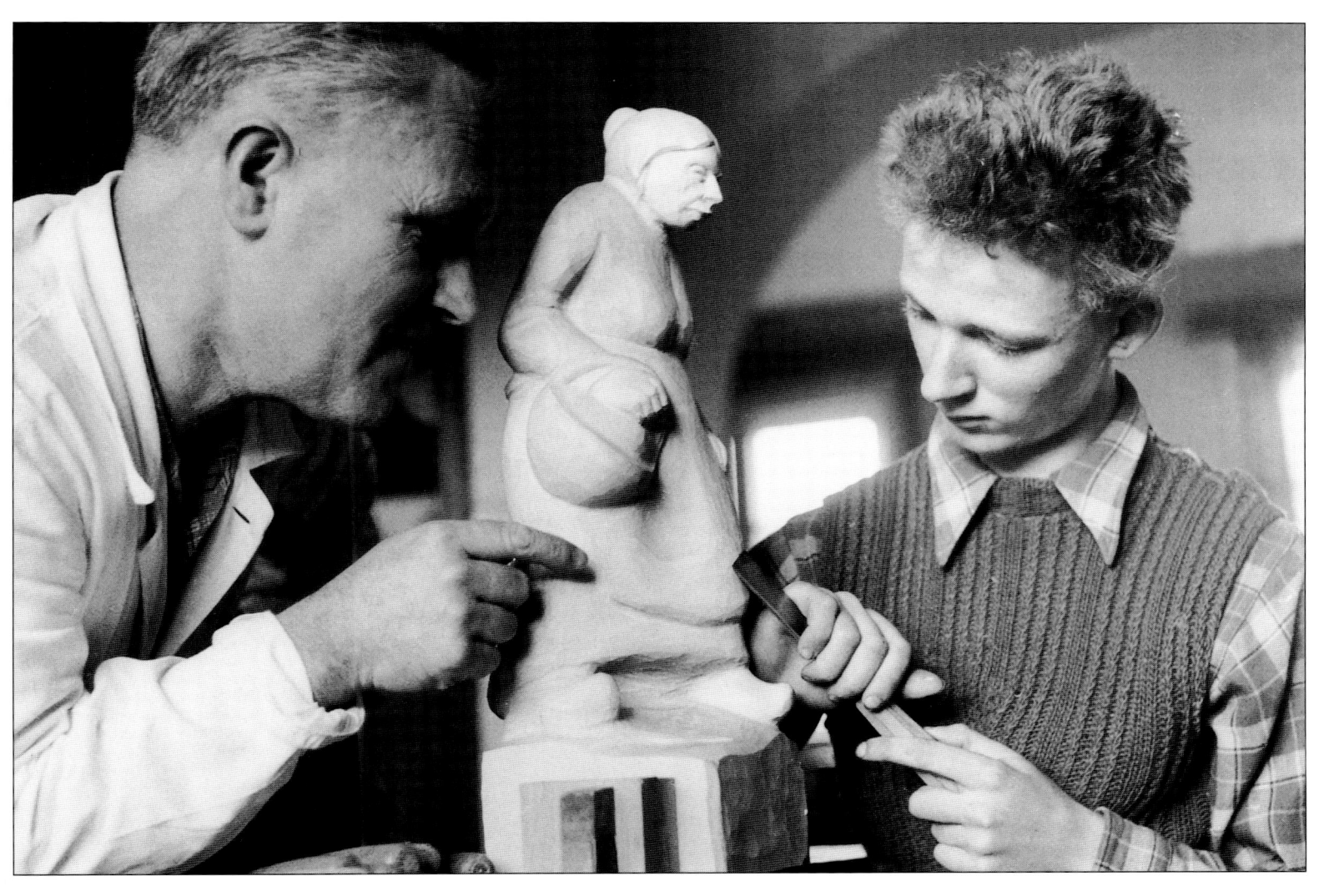

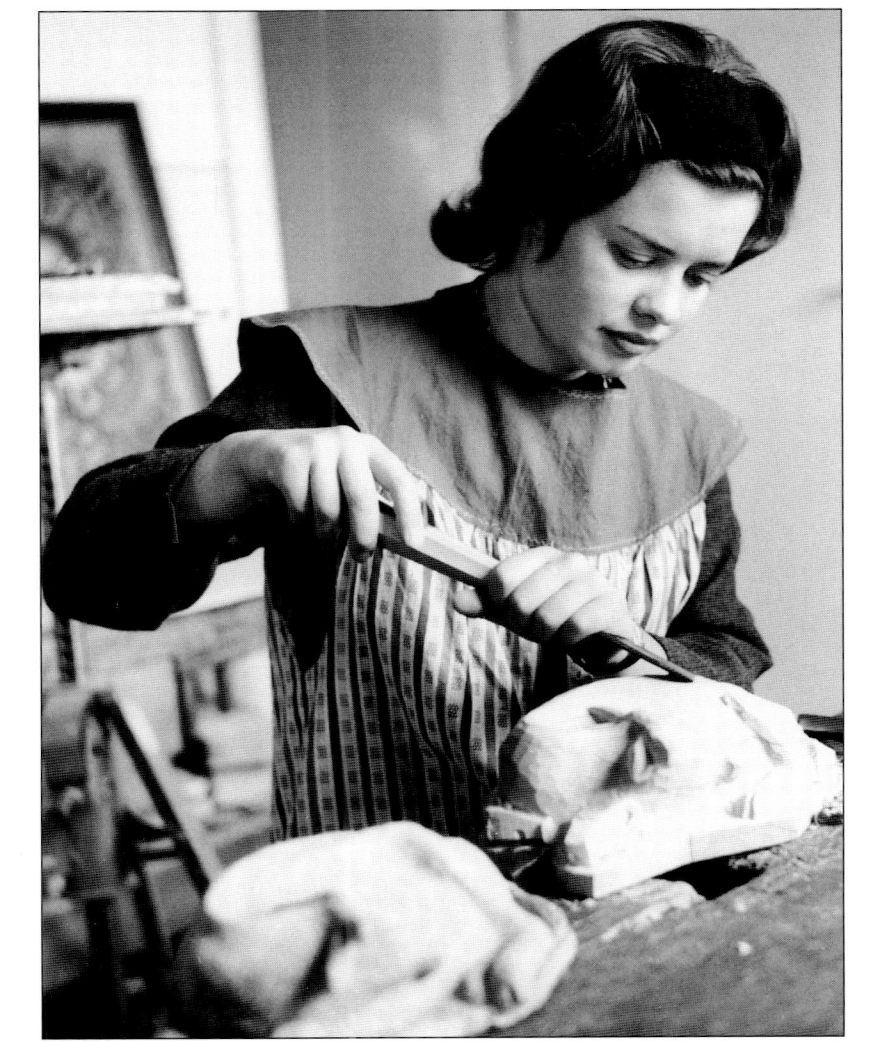

▲ Immer wieder gibt der Meister Ratschläge, wie ein Kunstwerk noch zu verbessern ist.

◀ Eine Schülerin aus Lissabon lernt bei dem deutschen Meister, um später ihre Kunst in Portugal zu verwerten.

Sportlich, sportlich ...

Turnen mit dem Rhönrad

Ein noch junges aber vielseitiges Sportgerät ist das Rhönrad. Der Eisenbahnangestellte Otto Feick aus dem kleinen fränkischen Rhöndorf Schönau hatte zwar jeden Tag mit drehenden Rädern zu tun. Was er sich jedoch im Jahre 1925 einfallen ließ, war ein Rad besonderer Art, welches sogar einen neuen Sport einleiten sollte.

Damals baute Otto Feick das erste Rhönrad, ein aus zwei gleichgroßen, miteinander quer verbundenen Stahlrohrreifen bestehendes kreisrundes Gebilde, das mit zwei Längs- und Quergriffen versehen ist. Zwei Brettsprossen dienen zum Anschnallen der Füße. Man stellt sich in das Rad, welches einen Durchmesser von 1,4 bis 2,2 Meter besitzt, schnallt die Füße an und hält sich an den Griffen fest. Stets werden beim Rhönradturnen Schuhe getragen, damit beim Stehen im Rad ein kräftiger Druck gegen die Bretter ausgeübt werden kann. Der Durchmesser des Rhönrades sollte stets 15 bis 20 Zentimeter größer sein als die Körpergröße.

Beim Rhönradturnen kommt es darauf an, auf verschiedene Art in Kreisen, in Spiralen, geradeaus, vorwärts und rückwärts zu rollen. Die Bewegung des Rades hängt von der Muskeltätigkeit und der Bewegung des Körpers zwischen den Hand- und Fußstützen ab. Man unterscheidet Wiege, Roll- und Laufübungen, Sprünge, Übungen am stehenden Rad und Gruppenübungen.

Sportmedizinisch ist erwiesen, dass beim Rhönradturnen, wie bei kaum einer anderen Sportart sämtliche Muskeln beansprucht werden. Das Rhönradturnen, das man als eine Kombination von Geräteturnen und Gymnastik bezeichnen kann, regt den Kreislauf an, schult aber auch das Konzentrationsvermögen und den Orientierungssinn. So mussten z. B. vor dem Kriege sämtliche Royal Air Force-Piloten zum Training des Orientierungssinnes Rhönradturnen betreiben. Jede Art Ausgleichssport ist mit diesem Turngerät möglich. Und natürlich gibt es auch Wettkämpfe. Die Übungen sind je nach dem Schwierigkeitsgrad in zwei Teile gliedert. Man bewertet nach der Schönheit der Ausführung, nach der Haltung, der Verbindung der Übungen und nach dem Grad der Schwierigkeiten. Das Wettkampfwesen im Rhönradturnen ist dem der Turner angeglichen.

Der Erfinder Otto Feick, der das Rad auch selbst herstellte, bereiste damals mit einer Gruppe von Sportlern die ganze Welt, um das neue Sportgerät bekannt zu machen. Er begann in Frankreich, Belgien, Holland, ging nach England, Spanien, Portugal, Italien bis in die Türkei, Russland, Japan und nach Amerika. Ergebnis seiner Reise: in 28 Kulturstaaten besteht ein Patent des Rhönrades. Der erste Turnverein, welcher das Rhönrad einführte, war 1928 die Würzburger Turngemeinde. Auch heute noch ist Würzburg die Hochburg des Rhönradsports, und die besten Rhönradturner kommen aus dieser Stadt. Der Erfinder Otto Feick selbst hatte keinerlei materiellen Nutzen von seiner Erfindung. Er starb 1959 nach langer Krankheit völlig verarmt in seinem Rhöndorf.

Sportlich, sportlich ...

»Sportlich, sportlich ...«

Rhythmus und Grazie

Seit 1954 ist der Sitz der Medau-Schule, einer der berühmtesten Gymnastikschulen, Schloss Hohenfels bei Coburg. Schlagworte dieser Schule, wo junge Mädchen durch „rhythmisch-dynamischen Fluss" zu Persönlichkeiten geformt werden sollen, sind „Schule des Lebens! Anmut als ästhetischer Genuss! Harmonische Persönlichkeit durch dynamische Bewegung!" Angeregt durch die natürlichen Bewegungsformen der Portugiesinnen, entwickelten Hinrich Medau und seine Frau Senta neue Vorstellungen über die Gymnastik, die sie an durchschnittlich hundert Schülerinnen pro Semester weitergeben. Medau, der 1929 in Berlin seine erste Schule gründete, nach mehrjähriger Tätigkeit als Turn- und Musiklehrer in Portugal, schickt seine Schülerinnen nach zweieinhalbjähriger Ausbildung als Gymnastiklehrerinnen an viele Schulen Deutschlands und auch des Auslandes. Ihnen gibt er den Satz mit auf den Weg: „Lehrt die Menschen, sich wieder frei und natürlich zu bewegen, und es werden schöne Menschen sein. Denn es gibt keine hässlichen Frauen, sondern nur hässliche, verkrampfte und unorganische Bewegungen!"

Hinrich Medau hat nach eigenen praktischen Erfahrungen eine Atem- und Organgymnastik entwickelt, die zunächst einmal dazu dient, die Spannungen und Versteifungen aufzulösen, die dem Menschen des technischen Zeitalters durch Gewohnheiten und mangelhaftem Bewegungsausgleich angedrillt werden. Medau geht es, was auch ganz in der Tradition der Gymnastik liegt, um leib-seelische Ganzheit. Er widmet dem Atem höchste Aufmerksamkeit, um den Körper zur Bewegung zu befreien. Sind durch richtiges Atmen und richtige Ernährung die Voraussetzungen für eine richtige Bewegung geschaffen, wird diese Bewegung durch Musik entfaltet. Allein die musikalische Ausbildung der Medau-Schülerinnen, die meist ohne jegliche musikalische Kenntnisse nach Hohenfels kommen, ist ein kleines pädagogisches Wunder. Sie beherrschen nach Abschluss der Ausbildung mehrere Instrumente, deren sie sich zur Ausübung ihres späteren Berufes als Lehrerinnen bedienen.

Die Ausbildung in der Medau-Schule erstreckt sich aber auch auf die sportlichen Disziplinen. An den Turngeräten, in der Leichtathletik und in den Spielen können die Medau-Schülerinnen durchaus „ihren Mann" stehen, dann nämlich, wenn sie als junge Sportlehrerinnen einer Klasse kritisch-schlaksiger Sechzehnjähriger etwas vorzumachen haben.

▼ Arbeitsgespräch wird diese Art des Unterrichts von Medau genannt. Die Schülerinnen des letzten Semesters sitzen auf dem Boden um den Lehrer herum. Man stellt sich gegenseitig Fragen und gibt Antworten. Die Schule, an der vierzehn Dozenten unterrichten, wird durchschnittlich von hundert Schülerinnen besucht. Voraussetzung ist Abitur, zumindest mittlere Reife.

Sportlich, sportlich …

Sportlich, sportlich ...

▲ Diese drei Schülerinnen freuen sich schon riesig auf die Europa-Tournee der Schule, an der sie teilnehmen werden. Die Reise mit den besten zwanzig Schülerinnen geht nach Holland, Belgien, Frankreich, Spanien und der Schweiz. Solche Vorführungen festigen den weltweiten Ruf der Medau-Schule.

▶ Heute Nachmittag ist Anatomie-Unterricht, darum während der Mittagspause noch einen Blick ins Lehrbuch.

◀▲ Eine Klasse beim Keulenschwingen im großen Gymnastiksaal. Keule, Reifen und Gummiball benutzt er als methodische Hilfsmittel, um schwingende, federnde Bewegungen besser erfühlbar zu machen.

◀ Spiel mit Reifen im Park des Schlosses. Schloss Hohenfels mit seinem großen Park und seiner landschaftlich schönen Lage ist für solch eine Schule einmalig.

Sportlich, sportlich ...

Lerne Bowling!

In den fünfziger Jahren kam aus Amerika die Bowlingwelle über Deutschland und eine der ersten Anlagen entstand im fränkischen Nürnberg. Die Amerikaner führen das Bowling mit einem forschen Geschäftsstil ein und gehen – um die Keglersprache zu benutzen – „in die Vollen". Beide US-Unternehmen, die Bowling in Deutschland zu einem Volkssport machen wollen, stimmen darin überein, dass die deutsche Bevölkerung, und gerade die Jugend, in verhältnismäßig kurzer Zeit vom Bowling-Fieber erfasst sein werde.

Nicht nur das Tempo beim Bau von Bowling-Anlagen ist amerikanisch, sondern auch die technische Einrichtung, bei der man sich kaum eine Raffinesse entgehen lässt. Die zehn, nicht wie sonst neun Kegel, werden über eine elektronische Steuerung vollautomatisch zu einem Dreieck aufgestellt. Die Kugeln, die für Daumen, Ring- und Mittelfinger drei Grifflöcher haben und 4,5 bis 7,2 Kilo wiegen, kommen durch einen Rücklauf unter der Bahn automatisch zurück. Das Ergebnis des Wurfes wird durch Leuchtzahlen angezeigt, die auf eine Fläche projeziert werden, so dass Spieler und Zuschauer den Verlauf der Bowlingpartie verfolgen können. Wenn beim Wurf die so genannte Foul-Linie überschritten wird, gibt eine Selenzelle ein Signal.

Bei einigen Anlagen gibt es sogar ein Kinderzimmer, das über eine Fernsehanlage mit den Bahnen in Verbindung steht. So können die Mütter, die sich beim Bowling vergnügen, beobachten, ob die von einer Kindergärtnerin betreuten Kleinen auch brav sind. Um Interessenten in die Geheimnisse des Bowlings einzuweihen, werden an den großen Bahnen regelrechte Bowling-Schulen eingerichtet. In einem einwöchigen Kurs wird man kostenlos mit dem Spiel vertraut gemacht. Bei diesen Kursen ist die Zahl der jugendlichen weiblichen Teilnehmer recht hoch.

Waren es nur 40 Bowling-Anhängerinnen, die 1861 den „Bowling-Kongress der Frauen" gründeten, so war die Zahl der weiblichen Aktiven im Jahre 1940 schon auf 82 000 gewachsen. Heute huldigen 12 Millionen Frauen diesem schlank und jung erhaltenden Sport, mehr als ein Drittel aller Bowling-Anhänger überhaupt.

▲ Die gepflegten Bahnen dürfen weder mit Bleistiftabsätzen noch mit gewöhnlichen Herrenschuhen betreten werden. In jeder Bowling-Anlage werden deshalb eine Art Turnschuhe verliehen, die nur während des Spiels getragen werden.

▶ Ein Trainer zeigt hier einer Schülerin die Grundstellung. Man stellt sich dabei etwa 3,5 bis 4,5 Meter von der Foul-Linie auf. Die Füße stehen bequem und die Hand hält die Kugel locker und entspannt etwa in Gürtelhöhe vor dem Körper. Man bereitet sich ohne Anstrengung und Eile auf den ersten Schritt vor.

Sportlich, sportlich ...

Sportlich, sportlich ...

◀ Beim Ausschwingen verlässt erst der Daumen, dann die Finger die Grifflöcher. Die Kugel wirft man nicht, sondern läßt sie abgleiten.

▶ Die Kugel wird zunächst abgesetzt, wobei die Augen fest auf das Ziel gerichtet sind. Sie folgen nicht dem Lauf der Kugel. Nach dem Abgleiten der Kugel schwingt der rechte Arm locker nach oben aus. Kugelabgabe und Schwungverlauf sollen locker und geschmeidig erfolgen.

Stickerinnen aus Naila

Seit vielen Generationen hat sich in Oberfranken eine meist in Heim- oder Lohnarbeit ausgeübte Handwerkskunst erhalten, die nicht nur vielen Familien eine Existenz bietet und weit über die Landesgrenzen hinaus einen guten Klang hat, sondern die auch heute, im Zeitalter der Mechanisierung, für die Textilindustrie unentbehrlich ist: die Stickerei. In einem modernen zweistöckigen Gebäude, das nach dem Kriege vom bayerischen Staat als Stickereischule im oberfränkischen Städtchen Naila erbaut wurde, erlernen junge Mädchen in etwa drei Jahren die Kunst des Stickens. Hier wird ein Nachwuchs an Stickerinnen herangebildet, der mit allen Techniken dieses Faches vertraut ist, den modischen Anforderungen gerecht wird und nicht zuletzt neue Muster schafft, die für neue Materialien verwendet werden können. Denn während sich früher die Grundgewebe innerhalb der Stickereigebiete nicht sehr unterschieden, hat sich heute darin ein Wandel vollzogen. Vor allem in der modischen Stickerei haben sich die Anforderungen verlagert, weil die Textilindustrie von den Stickern laufend neue Dekors verlangt. Hinzu kommt die Verarbeitung oft nur saisonbedingter Stoffe aus natur-, halb- oder vollsynthetischen Fasern, deren unzählige Mischungsmöglichkeiten die Sticker vor vielseitige technische Aufgaben stellen. An der Stickereischule in Naila unterrichten Fach-, Mittelschul- und Volksschulkräfte. Wer von den Schülern in die Fachklassen aufgenommen werden will, muss die mittlere Reife erworben, die Gesellenprüfung im Sticken abgelegt oder ein halbes Jahr eine Grundklasse der Schule besucht haben. Das Wissen, das sie in dieser modernen, mit allen Werkzeugen für die neuzeitlichen Techniken ihres Handwerks ausgestattete Schule vermittelt bekommen, macht die jungen Stickerinnen aus Naila zu begehrten Fachkräften.

▼ Schülerinnen bei der Arbeit am Stickrahmen. Dieser Unterricht im Handsticken, zu dem eine gewisse Phantasiebegabtheit gehört, geschieht unter Verwendung aller oberfränkischen bisherigen Stickereitechniken.

Fachkräfte mit Nadel und Faden

Eine Schneiderwerkstätte ist der Schule angegliedert, um den Schülern auch fundierte Kenntnisse der Schneiderei zu vermitteln.

Fachkräfte mit Nadel und Faden

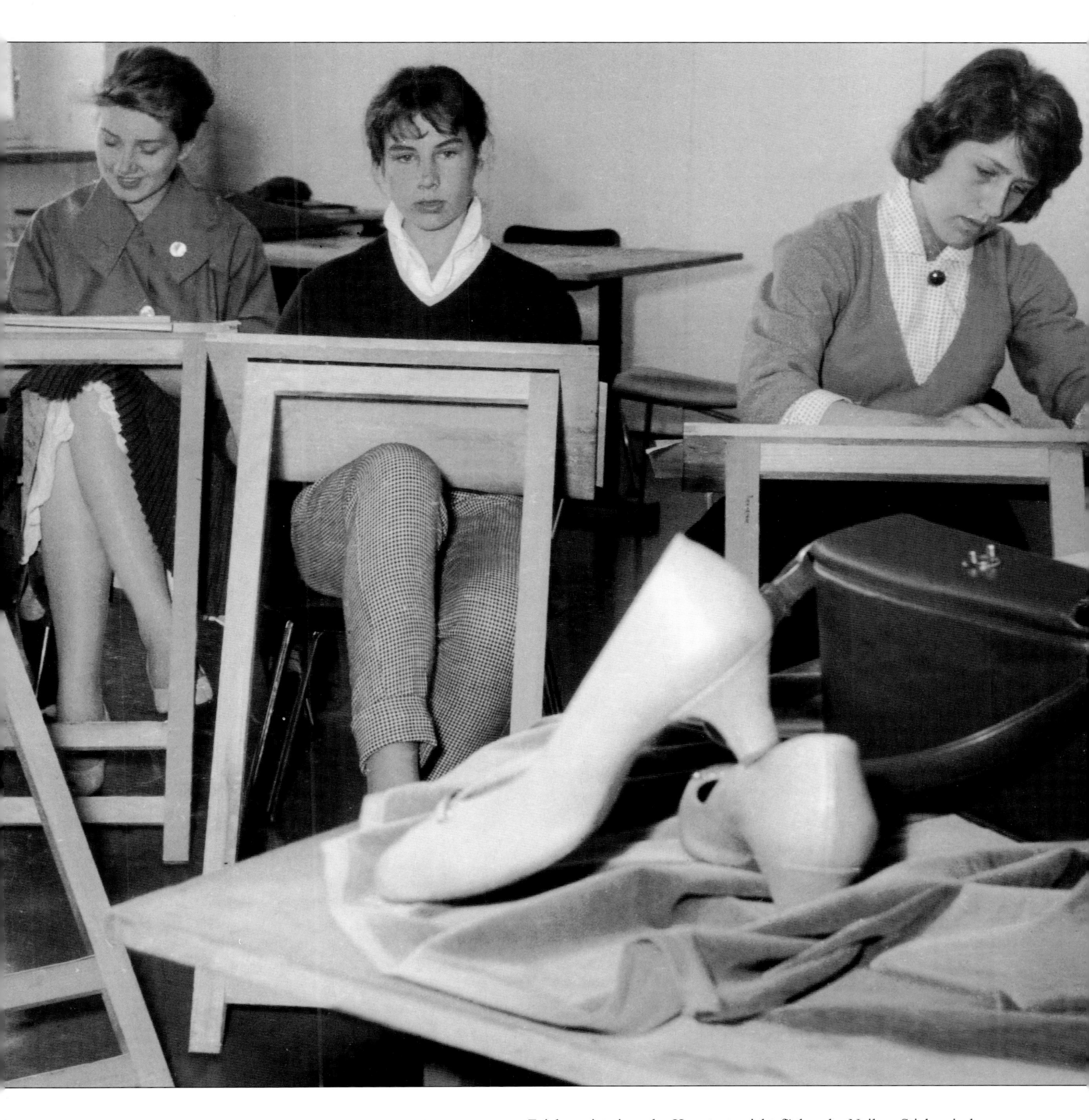

Zeichnen ist eines der Hauptunterrichtsfächer der Nailaer Stickereischule. Dazu gehört natürlich auch Modezeichnen. Hier werden verschiedene weibliche Accessoires abgezeichnet.

»*Fachkräfte mit Nadel und Faden*«

Fachkräfte mit Nadel und Faden

▲ In diesem Klassenraum werden von den Schülerinnen Schnittbogen zugeschnitten und im Hintergrund eine Modepuppe drapiert.

◀ Ein Schüler beim Abstecken eines langen Rockes am Körper einer Schülerin.

▶▲ In dem nach dem Geschmack junger Damen eingerichteten Internat gibt es auch eine Frühstücksbar, an der freilich nur Milch und Limonade ausgeschenkt werden.

▶▼ Schülerinnen fahren ihre Arbeitswagen durch den Garderobengang der Schule zum Unterricht. In diesem Gang ist eine Wand mit Schränken ausgestattet, in welchen das Arbeitsgerät und die Wagen, mit welchen dieses transportiert wird, untergebracht sind.

Fachkräfte mit Nadel und Faden

Dorf der Gleichnamigen

Das Dorf mit dem falschen Namen

Was ein rechter Holzheimer ist, der wohnt nicht in Holzheim, sondern in Schmalwasser. Denn rund ein Drittel aller Menschen in dem kleinen fränkischen Dorf – und das sind etwa 500 an der Zahl – tragen „Holzheimer" als Familiennamen. Tatsächlich, da hat ihre Heimatgemeinde eigentlich einen falschen Namen.

Holzheim statt Schmalwasser, das würde der Lage viel eher entsprechen, und wenn dann einer sagt: „Ich bin ein Holzheimer", dann hätte er sogar noch in doppelter Weise recht. Gleichviel – die Holzheimer fühlen sich auch so ganz wohl, und für sie ist das alles auch gar nicht so problematisch. Schwierig wird es nur für den Fremden, der nach Schmalwasser kommt und sich erkundigt, wo er denn den Hans Holzheimer finden könne. Nun führen gleich mehr als ein Dutzend der Holzheimer-Leute diesen Vornamen. Damit man sie überhaupt auseinanderhalten kann, hat man den einzelnen Häusern des Dorfes Namen gegeben, die als Zusätze benutzt werden; dann ist es ganz einfach. Und im Zweifelsfall fragt man am besten den Briefträger, denn niemand weiß in der Familienchronik des Dorfes besser Bescheid als er. Übt er doch diese Tätigkeit von Kind an aus.

Wenn da zum Beispiel ein Herr Holzheimer eine verwitwete Frau Holzheimer geborene Holzheimer heiratet, dann regt sich niemand im Dorf darüber auf. Es wäre allenfalls ungewöhnlich, wenn die beiden Trauzeugen nicht auch Holzheimer hießen. Etwas aus der Art geschlagen ist allerdings der Bürgermeister. Der heißt nämlich Endres, wenn das nicht Misstrauen auslösen muss! Immerhin haben seit 1894 bis zum Jahr 1945 nur Holzheimer-Männer in Schmalwasser als Bürgermeister regiert. Und auch die Schule ist, wie jedermann im Türbalken nachlesen kann, im vorigen Jahrhundert unter einem Bürgermeister Holzheimer erbaut worden. Indes ist der Fall mit dem jetzigen Bürgermeister noch nicht hoffnungslos. Seine Frau hieß, ehe sie Frau Bürgermeister wurde, wenigstens Holzheimer.

Früher hatten in dem abgelegenen Köhlerdorf die Mädchen kaum einmal Gelegenheit, Männer „von auswärts" kennenzulernen, und „Hereingeschmeckte" hätte man im Dorf auch nur sehr ungern gesehen. So blieben die Einwohner von Schmalwasser unter sich, und die Holzheimer wurden immer mehr. Vor dem Krieg waren es mehr als die Hälfte aller Dorfbewohner. Nun hat sich das Bild durch den Zuzug von Flüchtlingen und Vertriebenen verschoben. Außerdem ist das Dorf heute dem Verkehr erschlossen. Mit der Abgeschiedenheit ist es dahin. Die meisten Männer verdienen als Kleinbauern nicht genug und arbeiten darum auch noch in der Industrie in Schweinfurt oder Bad Kissingen. Alles das trägt dazu bei, „frisches Blut" nach Schmalwasser zu bringen. Aussterben werden die Holzheimer dennoch nicht …

Dorf der Gleichnamigen

◄ Wenn man an die Schulkinder die Frage stellt: „Wer von euch heißt Holzheimer?", dann antworten etwa die Hälfte bis ein Drittel mit: „Ich".

▲ Der Unterricht ist beendet. Kinder aus Schmalwasser auf dem Weg nach Hause.

Dorf der Gleichnamigen

▲ Am Straßenrand unterhalten sich drei Jungen. Der Linke und der Rechte heißen Holzheimer.

▶ Holzheimer heißt natürlich der einzige Lebensmittelhändler des Ortes. Und die junge Dame? Natürlich eine Holzheimer, Bärbel mit Vornamen.

54 »Dorf der Gleichnamigen«

Ferien in den Fünfzigern

Die Sommerferien haben begonnen, von allen Kindern, besonders aber von denen aus den noch zerstörten Städten, sehnlichst herbeigewünscht. Wie schön, wenn man Verwandte auf dem Lande wohnen hat, wo man die nächsten Wochen verbringen kann.
Schule und Hausaufgaben sind im Nu vergessen, hier kann man den ganzen Tag nach Herzenslust draußen spielen, zumal auch die Freunde vom letzten Jahr wieder da sind. Aber es gibt auch Pensionen, die Sommerfrischler aufnehmen. Oft sind es Stammgäste, die Jahr für Jahr wieder kommen. Wer bereits ein Fahrzeug hat, Motorrad oder sogar Auto, kauft sich eine Zeltausrüstung und probiert das Leben auf einem der neu entstehenden Zeltplätze, jetzt „Campingplätze" genannt, aus. Beliebt sind auch Ferien auf dem Bauernhof oder in einer preiswerten Ferienwohnung. Eine neue Umgebung, oder wie der Volksmund so schön sagt „Tapetenwechsel", das ist doch das Wichtigste für eine wirkliche Erholung. Die abwechslungsreiche Landschaft Frankens mit ihrem Kulturreichtum kann eigentlich allen etwas bieten.

▼ Ein wahres Paradies öffnet sich gerade den Großstadtkindern in der ländlichen Umgebung. Streifzüge durch die fränkischen Wälder werden zu abenteuerlichen Erlebnissen, die unvergesslich bleiben.

Ferien

»Ferien«

Ferien

Diese Höhle ist ein tolles Versteck für die vier Jungen. Hier wird sie kaum jemand finden. „Räuber und Schander", wie es auf fränkisch heißt, ist eines der beliebtesten Spiele.

Ferien

▲ Dieses Elternpaar hat sich mit den beiden Kindern in einer mit einfachen rustikalen Möbeln ausgestatteten Ferienwohnung eingemietet. Nicht allzu lang werden sie so brav noch neben der Mutter sitzen. Lockt doch allzusehr draußen die ländliche Umgebung.

▶ Wie romantisch ist es für diese Kinder, abends mit den Eltern am Feuer zu sitzen über dem die „Göcker" braten. Damit sind auf fränkisch die Hähnchen gemeint.

▶▶ Stolz sitzt der kleine Junge erstmals auf dem Kutschenbock mit der Leine und der Peitsche in den Händen. Der alte Bauer neben ihm passt schon auf, dass ihm nichts passiert.

Ferien

Tradition

Die letzten Spießbürger

Birkach, ein einsam gelegenes nur 230 Einwohner zählendes Dörfchen im oberfränkischen Landkreis Staffelstein, hat erst seit etwa hundert Jahren eine Kirche im Ort. Es liegt fernab von verkehrsreicher Straße und Autobahn. Es führt auch keine Asphaltstraße dorthin, sondern nur ein geschotterter Landweg. Vorher mussten die Bewohner jahrhundertelang zum Gottesdienst in das drei Kilometer entfernte Dorf Döringstadt laufen. Da während dieser Stunden fast alle Bewohner des Dorfes abwesend waren, richtete man einen Wachdienst ein. Ein Mann bewachte so seit Jahrhunderten mit einem Spieß bewaffnet das Dorf. Obwohl später das Dorf selbst eine Kirche bekam und die Kirchgänger nicht mehr kilometerweit nach Döringstadt laufen müssen, behielt man den Brauch des Wachpostens während des Gottesdienstes bis auf den heutigen Tag bei. Während der zwanziger Jahre wollte man ihn aufgeben, unterließ es aber doch, da während der Wirtschaftskrise die Bettelei und Landstreicherei zu einer regelrechten Landplage wurden. Heute denkt niemand mehr an die Abschaffung dieses jahrhundertealten Brauches und wie selbstverständlich nimmt jeder Mann aus einem der 34 Häuser an einem Sonntag den Wachdienst auf sich.

Tradition

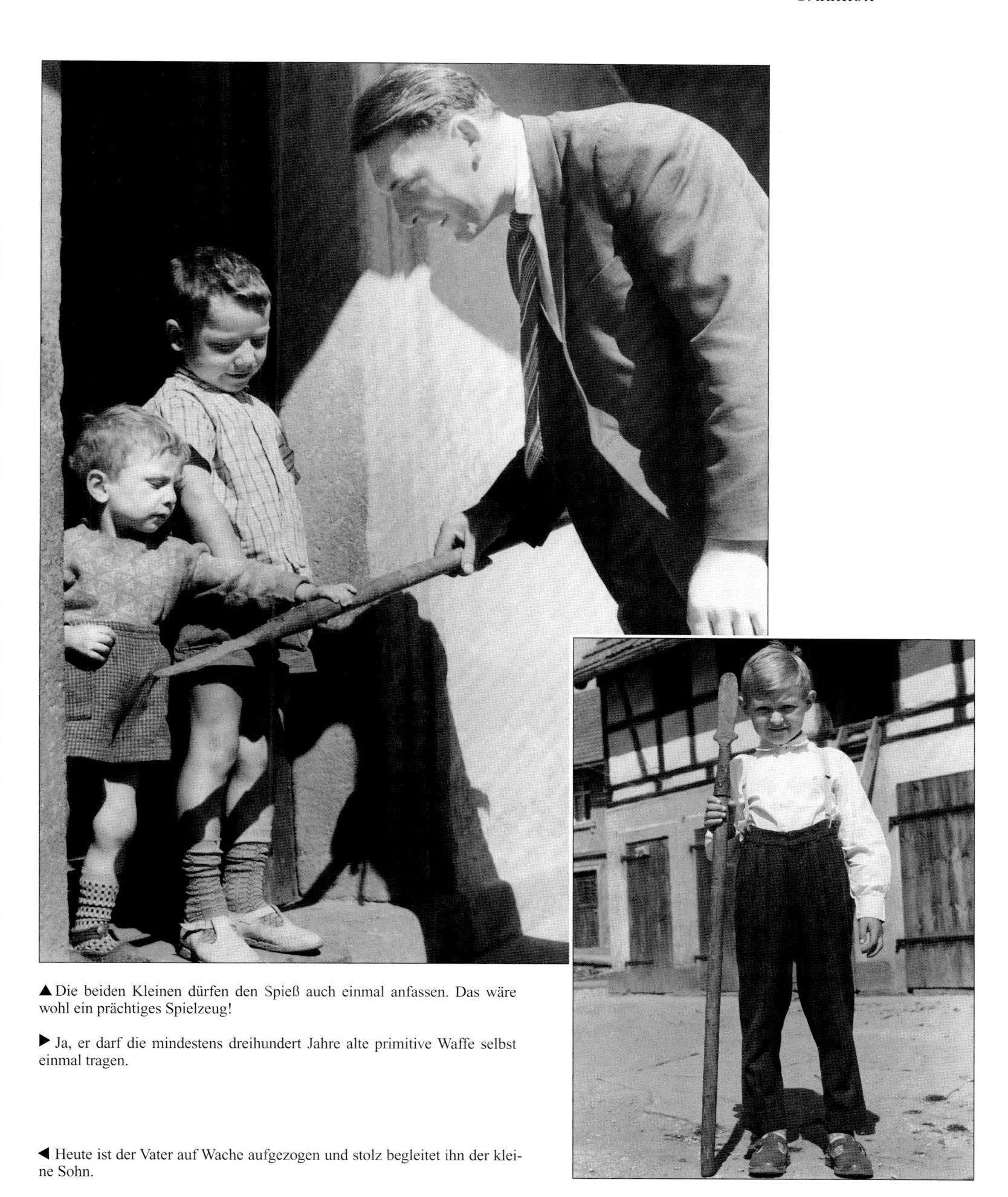

▲ Die beiden Kleinen dürfen den Spieß auch einmal anfassen. Das wäre wohl ein prächtiges Spielzeug!

▶ Ja, er darf die mindestens dreihundert Jahre alte primitive Waffe selbst einmal tragen.

◀ Heute ist der Vater auf Wache aufgezogen und stolz begleitet ihn der kleine Sohn.

»Tradition« 61

Tradition

Tradition

◀ Kleine und große Dorfbewohner strömen nach dem Gottesdienst an dem Wachmann vorbei aus der Kirche. Dieser bringt den Spieß jetzt zum Nachbarn, der am nächsten Sonntag den Wachdienst versieht, und lehnt ihn dort neben die Eingangstür an die Hauswand.

▼ Diese drei Kinder sitzen erwartungsvoll auf der Haustreppe und warten, dass der Wachmann mit dem Spieß an ihnen vorbeikommt.

Weitere Bücher aus dem Wartberg Verlag

Johannes Hahn u. Renate Welsch
Rundflug über Aschaffenburg vor 50 Jahren
64 S., geb., zahlr. S/w-Fotos
Historische Luftaufnahmen
ISBN 3-8313-1002-5

Johannes Hahn u. Renate Welsch
Aschaffenburg – Auf den ersten Blick
dtsch./engl./franz.
32 S., geb., zahlr. Farbfotografien
ISBN 3-86134-620-6

Johannes Hahn u. Renate Welsch
Aschaffenburg – Farbbildband
dtsch./engl./franz.
72 S., geb., zahlr. Farbfotografien
ISBN 3-86134-619-2

Peter Moser u. Jürgen Schraudner
Bamberg – Gestern und heute – Eine Gegenüberstellung
60 S., geb., zahlr. Farb-u. S/w-Fotos
ISBN 3-86134-377-0

Peter Moser
Bamberg – Ein verlorenes Stadtbild
72 S., geb., zahlr. hist. S/w-Fotos
ISBN 3-86134-240-5

Peter Moser
Bamberg – Zwischen Care-Paket und Vespa-Roller
Fotografien aus den 50er Jahren
72 S., geb., zahlr. S/w-Fotos
ISBN 3-86134-298-7

Wolfgang Lammel u. Bernd Mayer
Bayreuth – Bewegte Zeiten – Die 50er Jahre
hist. Fotografien
72 S., geb., zahlr. S/w-Fotos
ISBN 3-86134-672-9

Michaela Schmälzle u. Thomas Ziegler
Bayreuth – Farbbildband
dtsch./engl./franz.
72 S., geb,. zahlr. Farbfotografien
ISBN 3-86134-517-X

Wolfgang Lammel u. Bernd Mayer
Bayreuth – Ereignisreiche Zeiten – Die 60er Jahre
72 S., geb., zahlr. S/w-Fotos
hist. Fotografien
ISBN 3-8313-1205-2

Bernd Mayer
Geheimnisvolles Bayreuth
48 S., geb., zahlr. Farbfotos u. Abb.
ISBN 3-8313-1297-4

Christine Freise-Wonka
Geheimisvolles Bamberg
48 S., geb., zahlr. Farbfotos u. Abbildungen
ISBN 3-8313-1302-4

Christine Freise-Wonka
Bamberg – Rundflug über das alte Bamberg
64 S., geb., zahlr. S/w-Fotos
Historische Fotografien
ISBN 3-86134-667-2

Ulrich Wagner
Würzburg – Ein verlorenes Stadtbild
Historische Fotografien
72 S., geb., zahlr. S/w-Fotos
ISBN 3-86134-225-1

Max von Vacano
Geheimisvolles Würzburg
48 S., geb., zahlr. Farbfotos u. Abb.
ISBN 3-8313-1253-2

Angela Rückschloß
Würzburg – Bewegte Zeiten – Die 50er Jahre
Historische Fotografien
72 S., geb., zahlr. S/w-Fotos
ISBN 3-86134-318-5

Jörg Lusin
Würzburg – Ein verlorenes Stadtbild
Historische Luftaufnahmen
64 S., geb., zahlr. S/w-Fotos, Großformat
ISBN 3-86134-841-1

Peter Moser
Zeitreise durch Franken
Ausflüge in die Vergangenheit
80 S., geb., Großformat, zahlr. Farbfotos
ISBN 3-86134-327-4

Wartberg Verlag GmbH & Co. KG
Im Wiesental 1 · 34281 Gudensberg-Gleichen
Telefon: 0 56 03/9 30 50 · Fax: 0 56 03/30 83 · www.wartberg-verlag.de